Quarantäne – Social Distancing

Gedanken zu einer besonderen Zeit

Harlekin Pierrot

Quarantäne - Social Distancing

Gedanken zu einer besonderen Zeit

Harlekin Pierrot

Bibliographische Information der Deutschen
Nationalbibliothek

Die Deutsche Nationalbibliothek verzeichnet diese Publikation
in der deutschen Nationalbibliographie, detaillierte
bibliographische Daten sind im Internet über http://
dnb.dnb.de abrufbar.

Herstellung und Verlag

BoD - Books on Demand, Norderstedt

ISBN 9783751917407

Zum Geleit

Quarantäne, eigentlich aus dem lateinischen: 40 Tage ... und schon immer ein Begriff der Isolation. Heute haben wir eine neue Form der Isolation – shut down, social distancing, abstandhalten, ... Was macht das mit uns? Was war vorher wichtig, was war währenddessen wichtig, was passiert danach?

Wir sind allein und doch nicht allein, wir fahren unser Leben herunter, wir schließen das öffentliche Leben, um einen Virus, eine Pandemie zu bekämpfen und öffnen wieder!

Vieles geschieht digital oder auch analog – anders und verändert!

Ein riesiges Unterfangen, ein Moment des anderen Lebens, Erfahrens, Miteinanders, ohne gewohntes mit viel Neuem!

Viele Menschen haben mich inspiriert – viele Facetten, die das Bild hier zeichnen, subjektiv und persönlich, keinesfalls objektiv!

Mich beschäftigt diese „seltsame" Zeit, die Gedanken und Handlungen der Menschen und ich versuche das in Gedichten, Texten für mich ausdrücken – einfach Gedanken, die ich mit Euch teilen möchte – denn geteilte Gedanken machen Mut!

Harlekin Pierrot

Was uns vorher beschäftigt hat!

Politik

Mehrheiten

Rückgrat

Die Welt vorher

Politik, Wirtschaft, die schwarze Null

Unser Wohlstand, die „erste Welt"

Leben

Lust

Probleme – gibt es nicht!

Nichts wirft uns aus der Bahn!

Egoismus!

WIR

Stolze Brust!

Uns trifft nichts!

Uns kann nichts!

Brexit

Brexit – der Anfang des Exits,

wir wollen Europa,

wir bekommen ein Stückwerk,

wir machen einen Rückschritt

... und nennen es Fortschritt!

Ein Tag zum Trauern – für alle!

Brexit der Anfang des Exits!

Landminen

Es werden Entscheidungen getroffen,

nicht mehr humanitär,

nicht mehr menschlich,

verachtend,

nur mehr den eigenen Vorteil beachtend,

nur dem Profit gehorchend,

grausam,

widerlich,

wahnsinnig!

Thüringen

Es gibt ein Land – mitten in Deutschland, mitten in Europa,

da Leben Menschen,

da fallen Entscheidungen,

da stellen Entscheidungen alles auf den Kopf!

Plötzlich Angst,

plötzlich Zerrbilder der Geschichte,

plötzlich Gefahr,

Opportunismus bestimmt die Entscheidungen,

die Menschen betreffen,

mitten in Deutschland,

in Europa!

Andere

Mitten unter uns,

Mitten in der Gesellschaft!

Dabei!

KEINER sieht hin,

KEINER hat Rückgrat!

KEINER deckt auf!

KEINER kämpft dagegen!

Mitten unter uns!

Damit das NIE wieder passiert!

ANDERE sollen es machen, nicht ich!

Attentäter

Menschen meinen mit Attentaten werden die Welt gerettet,

Menschen meinen mit imposanten Sprüchen werden die Welt

gerettet,

Gegner eingeschüchtert,

mundtot gemacht!

Menschen meinen Waffen und Soldaten retten den Frieden!

Solche Taten bedrohen uns!

Solche Taten führen ins Verderben!

Eskalation°!

Passt auf, dass es nicht eskaliert, damit wir nicht zum

Attentäter gegen uns werden!

Shut Down

Unbegreifliches

Angst

Wundersames

Menschliches

Virus

Ein kleiner Virus – erst unbekannt, dann in allen Medien

-erklärt, Reaktion und doch nicht

Verstanden

Große Wirkung

Die Welt steht still und alles wird klein und unbedeutend

Weg ist die Offenheit

Zurück sind Grenzen

Hamsterkäufe

Panik

Ein kleiner Virus – erst unbekannt.

Er verändert die Welt und das Leben

Ist er unsere Zukunft?!

Ausnahmezustand

Florierende Geschäfte

Flanierende Menschen auf den Straßen

Lachen, Tanzen, Freude, Leben!

Doch plötzlich …

Stillstand

Leere Straßen

Geschlossene Geschäfte

Menschen in Schutzanzügen

Isolation

Angst

Lähmung

AUSNAHMEZUSTAND!

SHUT DOWN!

WELTWEIT!

Warten auf ein Ergebnis

Nachricht

Schock!

Nachdenken!

Reaktion!

Das besondere Sehen!

Wattestäbchen!

Menschen hinter MASKEN1

Warten!

Angst!

Dunkle Gedanken!

Ablenkung!

Reden!

Warten – Ungeduld!

Ergebnis – negativ!

… und doch bleibt ein Gefühl – Beklemmung!

… das will man nicht!

Quarantäne

Alles in vier Wänden:

Tränen,

Angst,

Lachen,

Leben,

Spielen,

Genervt sein,

Stress, …

… für wie lange???

… und es ist nichts Greifbares!!!

Nicht sehen

Man kann „es" nicht sehen, fühlen, hören!

Schau, du siehst nichts!

Fühle, du spürst nichts!

Höre, du hörst nichts!

Und doch ist „es" da!

Unwirklich

Bedrohlich

Beängstigend

Man sieht, fühlt und hört nur die Auswirkungen!

Die sind gewaltig und erschütternd!

Schwarmintelligenz

Uns betrifft es nicht –

Ist nicht so schlimm –

Lasst uns feiern –

Doch dann…

Notaufnahme!

Intensivstation!

Beatmung!

Ringen mit dem Tod!

…

Schwarmintelligenz??!!

Covid 19

Ein Name in aller Munde

Statistiken werden gemacht

Statistiken jeden Tag

Plötzlich aus dem nichts!

Die erste Welt lernt still zu stehen!

Plötzlich ist Gesundheit wichtiges Wort!

Plötzlich ist alles anders!

Expertensendungen verändern das Fernsehen!

Experten sind die Entscheider – aber Politiker nicht folgsam!

Der Name wird noch lange klingen!

Covid 19?!

Anordnung

Die Menschen sagen:

Mir muss man nichts sagen!

Mich muss man nicht bewundern!

    Ich kann für mich entscheiden!

Doch, denn du bist ein Egoist!

Doch, denn du hörst nicht auf Bitten!

Doch, denn nur eine Anordnung und ein Befehl lässt dich das

Richtige tun!

Wie schon in der Geschichte gesehen, erst durch Befehl

gehorchst DU!

Springen

In einem Film heißt es:

Du musst springen – du musst springen!

Durch das Leben in den Tod!

Springe

Erreiche das Leben

Lebe das Leben

Du hast zwei Hände zum Gestalten!

Du hast den Verstand zum Denken!

Springe

Lebe das Leben!

Du hast ein Herz zum Lieben!

Du hast den Geist zur Phantasie!

Springe

Lebe das Leben bis in den Tod!

(frei nach dem Film „Astrid")

Zukunft für uns und Euch

Bis vor kurzem hatten wir alles!

Bis vor kurzem war alles kein Problem!

Jetzt haben wir nichts – wir haben wenig!

Jetzt hängen wir am Leben!

Ihr braucht jetzt Mut!

Wir auch!

Ihr braucht jetzt Kreativität!

Wir auch!

Ihr braucht jetzt Zuversicht!

Wir auch!

Gemeinsam müssen wir jetzt die Zukunft neugestalten!

Anders als wir es je dachten!

Gemeinsam müssen wir neu starten – die Sicherheit ist weg!

Der Weg wird schwer und ist ungewiss!

Dann haben wir wieder etwas!

Alltagsleben im Frühjahr 2020

Früher sollten wir raus, sagten die Kinder!

Jetzt bleibt Ihr drin sagen wir!

Es ist sicherer – Ihr sollt Leben

Wir verstehen es kaum doch bei einigen:

Alle sind draußen!

Partyluft weht um die Häuser!

Der Tanz auf dem Vulkan!

Der Tanz mit einem Virus!

Grenzerfahrungen!

Doch man muss sie nicht machen,

zu Hause bleiben schützt – Social distancing!

… es ist schwer zu verstehen!

Isolation

Blick

Gedanken

Allein - man sieht nichts!

Allein - man hört nichts!

Blick

Leere

Angst!

Gedanken!

Isolation!

Gedankennebel

Gedanken sind da!

Das Hirn läuft auf Hochtouren!

Versucht Gedanken zu fassen!

Versucht Gedanken zu formen!

Versucht aus dem Nebel konkretes zu bilden!

Schafft es nicht!

Versinkt im Nebel!

Versinkt im Strudel!

Aus

Nebel

Gedankennebel!

Expertenbriefing vs. Entscheidungsfindung

Jeden Tag ein Briefing!

Jeden Tag andere Fakten!

Meldungen jagen über den Bildschirm!

Experten erklären uns die Welt!

Politiker halten sich für schlauer!

---Sie entscheiden!

Da flammt es in mir auf, der Harlekin schreit:

Dummheit ist zu sehen!

WIR wollen Leben!

Nichts ist von wirklichem Bestand!

Alles kann sich jeden Tag ändern, sogar jede Minute, jede

Sekunde – Ihr wollt es nicht hören, ihr wollt es nicht sehen!

Nehmt die Wissenschaft ernst und diskreditiert sie nicht!

Sie hilft bei der Entscheidungsfindung!

Erste Welt?!

Wir waren reich!

Wir waren die „erste" Welt!

Wir waren der Motor der Welt!

Jetzt lernen wir, was das Leben heißt!

Jetzt sind wir arm!

Jetzt sind wir wieder am Anfang!

Jetzt sehen wir die Welt hoffentlich mit anderen Augen!

--- nicht mehr überheblich!

--- sehen unsere wirkliche Existenz!

--- eben nicht „dominant!"

Im Angesicht des Virus sind wir eben klein!

Da nähert sich die „erste" Welt der „dritten" an!

Der Verstand

Verstehen und Verständnis ist nicht der Verstand

Vs

Die Liebe

Liebe kennt den Weg

Liebe kennt den Weg nicht

Liebe kennt den Irrweg

Liebe kennt den Irrweg nicht

Also entscheidet die Liebe

Vs

Der Weg

Der Weg ist Liebe

Der Irrweg ist Liebe

Also entscheidet der Weg über die Liebe!

Harlekin Pierrots Masken 2020

Harlekins Maske schützt nicht vor dem Virus!

Harlekins Maske schützt nicht vor der Wut!

Harlekins Maske schützt nicht mehr vor dem Zorn!

Harlekins Maske schützt nicht mehr vor dem Mut!

Harlekin lacht nicht mehr!

Pierrots Maske schützt nicht vor dem Virus

Pierrots Maske schützt nicht vor der Gleichgültigkeit!

Pierrots Maske schützt nicht mehr vor den Zweifeln!

Pierrots Maske schützt nicht vor der Traurigkeit!

Pierrot weint nicht mehr!

Harlekin Pierrot blickt auf und ist zweifelnd, wütend und

seine „Maske" zeigt es – offen und verletzlich!

Masken 2020

Gestern regen wir uns über Vermummte auf!

Gestern wollen wir das Gesicht sehen!

Gestern

Heute fordern wir eine Maske

Heute regen wir uns über Unvermummte auf!

Heute wollen wir kein Gesicht sehen!

Heute

Es ist eben alles anders!

Social Distancing

Alles wird enger!

Alles wird näher!

Alles wird anders!

Wir üben social distancing – denn dann sind wir uns nahe!

2020 ein neues Gefühl von Nähe!

Hofkonzerte

Musiker ziehen von Hof zu Hof!

Spielen auf ihren Instrumenten

Vertreiben den Kummer!

Vertreiben die Traurigkeit!

Vertreiben die Sorgen!

Öffnen die Herzen!

Bringen ein Lächeln auf die Gesichter!

... und das Leben wird leichter!

... und all das bedrückende weicht etwas zurück!

Musik hilft!

... mehr als Worte und Zusicherungen!

Wer bist du?

Wer bist du?

Ich kenne dich nicht!

Du trittst vor mich hin!

Ich beobachte dich!

Du beobachtest mich!

Wer bist du?

Du hauchst mir zu:

Ich bin dein geliebtes Leben!

Ich bin du!

Wer bist du?

Wer bin ich?

Ich weiß es nicht!

Neues und Altes

Alles ist bewährt und funktioniert!

Neues wird probiert und muss sich bewähren!

Was ist denn besser?

　　　　Neues oder Altes?

Darf ich das entscheiden?

Will ich das entscheiden?

Muss ich das entscheiden?

Nein

Es wird für mich entschieden!

Fernweh

Ich habe Fernweh!

Ich will raus!

Ich fühle mich eingesperrt!

Ich will in die Natur!

Nichts geht mehr!

Meine Wege führen mich um mein zu Hause!

Ich erfreue mich an den Blumen!

Ich stelle mir vor ich wäre weit weg!

Und doch ich will weg!

Ich habe Fernweh!

Ich darf es nicht!

Im Land gelten besondere Regeln!

Ich muss sie einhalten!

Hamsterkäufe

Es wird gekauft...

Leere Regale zeigen sich...

Im Fernsehen Kommentare...

Klopapier wird zugeteilt!

Mehl wird „rationiert"!

In anderen Ländern der Wein oder die Kondome!

Es wird gekauft...

Hefe macht dich zum „reichen" Menschen!

...seltsame Zeiten!

Hamsterkäufe!

Markierung

Der Blick bleibt an einer Markierung hängen,

Gedanken springen …

Was hat es zu bedeuten, …

Das ist neu, sonst war das nicht auf dem Boden …

Ach ja, es ist das neue Zeichen …

Halte Abstand!

Die neue Zahl:

1,5m

2m

Es verhindert die Ansteckung …

Markierungen helfen?!°

Lehrkräfte – etwas Besonderes ...

Was ist, wenn man sich ein Endgerät nicht leisten kann?

Was ist, wenn man zu einer Randgruppe gehört?

Was ist, wenn man sich nicht „outen" will?

Die Lehrkraft wird es lösen!

Der Lehrkraft, der man vertraut – der man vertrauen kann?

Man gibt keine Antworten ... man bekommt sie auch nicht!

DENN:
Lehrkräfte können zynisch sein!

Lehrkräfte verkennen oft die Realität!

Die Welt der Lehrkräfte ist a n d e r s als die Welt der

Lernenden!

Lehrkräfte können heute anders grausam sein!

Ergebnis eines Postings bei facebook ...in einer Lehrergruppe zum Thema „digital

Learning"!

Distance Learning

Lernen auf Distanz

Hochladen von Aufgaben

Lernen mit Internet

Nicht mehr Nähe!

Sorgen des Abhängens

Internet als Lösung??

Wo ist das Menschliche?

Ist das Schule?

Soll so Schule sein?

Gedanken...

Ideen ...

... und doch der Versuch irgendwie dem Leben

gerecht zu werden ...

Ängste!

Sorgen!

Kein soziales Netzwerk!

Menschen begegnen einen am anderen Ende

...unterschiedlich, offen und doch unbekannt!

Sie sind anonym!

... und manchmal zeigen sie aber doch ein Gesicht!

Sie erzählen ihre Geschichte!

Sie sprechen ihre Worte!

Sie merken es kaum und prägen damit die Menschen!

Sie erzeugen damit ein eigenes Weltbild!

Manchmal verzerrt!

Manchmal irrwitzig!

Gefährliches entsteht! – kein soziales Netzwerk!

O D E R:

Manchmal mit guten Gedanken!

Manchmal mit guten Ideen!

... diese werden oft in schlechtes Licht gesetzt –

es wird geätzt und drangsaliert! Warum??

So geben diese Menschen auf!

Die anderen gewinnen und freuen sich!

T R A U R I G, besonders in dieser Zeit! –

kein soziales Netzwerk!

Öffnung – ist es wirklich sinnvoll?!

Politik

Eile

Konsens

Wissenschaft

Sorgfalt

Angst

Leben

Tod

Entscheidungen

Politiker treffen Entscheidungen!

Politiker lassen sich beraten!

Politiker meinen manches besser zu wissen!

Manche sind klug!

Manche sind klüger!

Wir hören die Entscheidungen!

16 Meinungen!

16 Entscheidungen!

Unterschiedlich!

Verwirrend!

... aber es wird von Konsens gesprochen!

Konsens

Wir öffnen am 04.Mai 2020!

...äh, nein am 20. April, 27. April ...!!!

Es ist freiwillig!

Es ist verpflichtend!

Es ist ...

Und was sollen wir machen???

Denn es herrsch Konsens ...

Ein sehr unterschiedlicher Konsens?!

Der Wahnsinn

Es war nichts,

alles geht weiter,

alles wird „normal",

schneller,

schneller,

nur wie trügerisch ist diese Wahrheit!

Genießen wir die trügerische Freiheit!

Wir leben!

Schneller,

schneller!

Die Welt dreht sich im Wahnsinn!!

Bildung

Bildung und Einbildung

Verbildung

Vorbildung

... und damit Verbildung!

... oder besser Dummheit!

... solche Menschen haben Macht!

Minikirmes mit Auto

Menschen gönnen sich Vergnügen in einer besonderen Zeit!

Etwas anderes als normale Kirmes …

Sie fahren auf einen Platz …

Buden, Lichterzauber!

Düfte, Speisen und Getränke …

Musik!

Es zaubert lächeln auf Gesichter!

Es verzaubert die Zeit!

Autotheater

Mit dem Theater ist ein Spiel ...

Man steht und lauscht

Und genießt

Ein bisschen Unterhaltung!

ETWAS Ablenkung!

Weniger Einsamkeit!

Hoffnung?!

Risikogruppe

Plötzlich ist man anders.

Plötzlich ist nichts so wie es war.

Plötzlich ist man auf einer Liste.

Plötzlich wird man „angesehen".

Man hat einen „Stempel"!

Fühlt sich merkwürdig an!

Das Wort „Leben" bekommt eine andere Bedeutung!

Was hat es w i r k l i c h zu bedeuten?

Man gehört zur R i s i k o g r u p p e!

Nachtrag nach ein paar Wochen:

... erst wird es definiert, dann ist es nur wahrscheinlich,

nur was hat es w i r k l i c h zu bedeuten?

Keiner kann es beantworten und es fühlt sich merkwürdig an!

Verständnis einer Pandemie

Pandemie

Weltumspannend

Sonderregeln

Freiheit

Wirtschaft?

Gesundheit?

Was passiert wirklich?

Jeden Tag anders!

Wissenschaft?

Hot Spot!

Öffnen vs. Shut down!

Keiner weiß wirklich, was es heißt weltweit eine Notlage zu haben. Man sieht, wie dünn das Korsett der Menschlichkeit ist und dass gemeinsame Ideen schnell durch Alleingänge und Kleinstaaterei zerfallen. Plötzlich macht jeder wieder „seine" Dinge, nicht wird an einer gemeinsamen Lösung gearbeitet, sondern „kleine" Lösungen bestimmen die Entscheidung. Es ist zu erkennen, dass wir eben nicht weiter sind!

Vielleicht lernen wir daraus, aber ich glaube nicht, denn es zwingt sich der Gedanke auf, dass es eher rückwärts als vorwärts geht – und manche Politiker eher daraus noch „Vorteile" für ihre Interessen ziehen (wollen)!

Öffnung

Alles muss „auf"!

Wir haben nichts zu befürchten!

Wir haben nichts mehr zu beachten!

Wir leben …!

Wir feiern …!

ABER

Das Virus ist da!

Nichts ist anders!

Nichts ist sicher!

Die Menschen wollen es nicht sehen!

Menschlich?!

Politik vs. Wissenschaft

Wissenschaft denkt und handelt!

Politik handelt und denkt!

… nicht umfassend

Jeder entscheidet für sich!

Wir haben 16 Lenker und Denker!

Absprachen?

Warum?

Wir sind frei!

Nichts gesteuert – das ist Politik!

Wissenschaft argumentiert und ….

… verhallt!

Andere sind lauter!

Sorgfaltspflicht

Was ist das?

Erst alles herunterfahren!

Jetzt alles Öffnen°!

Risikogruppen!

Änderung von Definitionen!

Medizinisch keinen Schritt weiter!

Ist etwas weniger gefährlich?

Nein, aber die Definition ist anders!

Damit verlagert sich auch die Verantwortung!

Sorgfaltspflicht?

Mitmenschen?

Leben?

Ängste?

Egal!

Das bedrückt mich!

Das macht mir Gedanken!

Was ist das?

Wo führt das hin?

Soziales Netzwerk

Die Mitteilung auf der eigenen Timeline fällt ins Auge

Sie erzeugt Wut!

Sie erzeugt Fassungslosigkeit über Unwissen!

Sie zeigt den Egoismus des Verfassers!

Man kommentiert!

Argumentiert dagegen!

Postet!

...

Man wird angesprochen, dass man so etwas nicht glauben

darf!

Merkt, dass nur die Mitteilung der Timeline im „Bild"
geblieben ist!

Schon ist man „auf der falschen Seite!"

...

Nur das Augenfällige bekommt Gewicht!

Nicht die Vernunft!

Nicht die Argumente!

...

So funktionieren „Soziale Netzwerke!"

So wird Meinung gemacht!

Weisheit – besondere Gedanken

Das Leben,

es geht weiter, Stunde um Stunde, Tag um Tag, ...

immer weniger sieht man es,

und doch ist er da,

keiner will es wahrhaben,

die Sorglosigkeit nimmt überhand,

...

Ein seltsames Gefühl,

Ich weiß es nicht ...

...

Das Leben!

Der Tod nah und doch fern und doch kommt er nie zur

richtigen Zeit:

Die Weisheit des Outbacks, des Buschs ...

... sie hilft (mir) zu ertragen!

Wie die Wolken, wie die Sterne

... und all die Seelen, die bei uns sind!

... im Herzen!

Laute und leise

Laute Menschen halten sich oft für stark!

Sie tun es kund, wie stark sie sind!

Sie zweifeln selten an ihrer Stärke!

Kommt ein Problem werden sie laut!

Leise Menschen halten sich oft für schwach!

Sie vermeiden es aufzufallen!

Sie zweifeln häufig an ihrer Stärke!

Kommt ein Problem werden sie still, sie geben manchmal auf!

Das ist schade!

Das ist traurig!

Doch manchmal nicht zu ändern!

Mich bekümmert das!

Ausblick -

Die Pandemie ist keinesfalls vorbei, medizinisch stehen wir noch immer auf dem Stand von Anfang März 2020. Die Wissenschaft arbeitet mit Hochdruck an möglichen Impfstoffen und geeigneten Medikamenten.

UND DOCH:

Die Menschen versuchen wieder ein normales Leben zu führen – im Alltag sind aber Masken enthalten die Markierungen sind auf dem Boden, die magische Zahl 1,5 ist eingebrannt!

Das soziale Leben hat sich auch verändert – Distanz bestimmt es!

Die Wirtschaft kämpft, denn das globale Leben ist anders, …

In Schule läuft aber doch noch nicht alles normal – „Lernen auf Distanz" und Hygienevorgaben bestimmen den Alltag!

Reisen wollen wir und doch ist es anders, das Fernweh ist da und doch wird in jedem Land mit der Pandemie gekämpft!

Nichts ist mehr wie es war, wir müssen ein „neues Leben" lernen, …

… dass wir eben nicht alles beherrschen, schon gar nicht die Natur, wir sind eben ein Teil von ihr und sie zeigt, dass sie doch stärker ist als wir Menschen!

… dass wir wieder etwas demütig werden und von unserer Überheblichkeit herunterkommen.

Vielleicht nehmen wir das mit aus dieser Zeit, es wäre ein wirklicher Gewinn!

Dank

Viele Menschen, mit denen ich kommuniziert habe, haben zu diesem Buch beigetragen.

Einzelne finden sich vielleicht in dem einen oder anderen Gedicht wieder, was sicherlich beabsichtigt ist.

Danke für all die Inspiration!

Gedanken sind wie fliegen, sie bedeuten Freiheit!

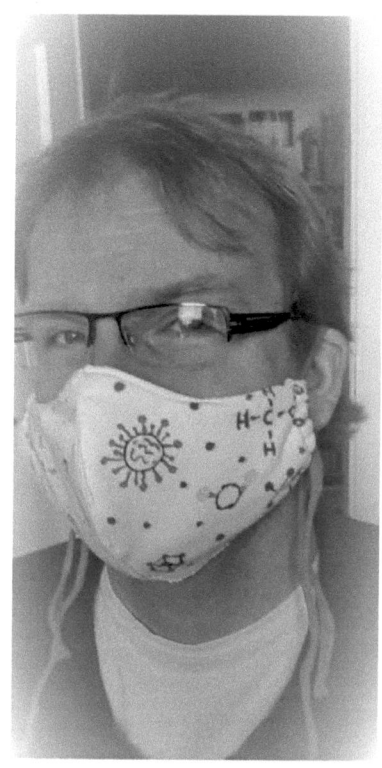

Danke fürs Lesen!

Euer Harlekin Pierrot

www.harlekinpierrot.com

Inhaltsverzeichnis